Inhalt

Wasser-Fußabdruck - Wie viel Wasser steckt in den verschiedenen Produkten?

Kernthesen

Beitrag

Fallbeispiele

Weiterführende Literatur

Impressum

Wasser-Fußabdruck - Wie viel Wasser steckt in den verschiedenen Produkten?

I.Zeilhofer-Ficker

Kernthesen

- Der Wasser-Fußabdruck (Water Footprint) ist ein Indikator für die Menge an Wasser, die verbraucht oder verschmutzt wird, um ein bestimmtes Produkt herzustellen.
- Rechnet man die Wasser-Fußabdrücke aller konsumierten Produkte zusammen, so verbraucht jeder Deutsche im Durchschnitt 5 288 Liter Wasser pro Tag.
- Da trinkbares Wasser in vielen Gebieten der Erde bereits Mangelware geworden ist, sind

neue Strategien für ein globales Wassermanagement gefragt.
- Aber auch jeder Einzelne sollte sich bewusst machen, dass er mit dem Kauf bestimmter Produkte zum Wassermangel in anderen Ländern beiträgt.

Beitrag

Ausreichende Trinkwasserversorgung ist nicht überall selbstverständlich

Rund 70 Prozent der Erdoberfläche ist von Wasser bedeckt. Aber von den insgesamt 1,4 Milliarden Kubikkilometern Wasser sind nur 2,65 Prozent als Trinkwasser brauchbar. Der Rest verteilt sich als Salzwasser auf die Ozeane der Welt. Das spärliche Süßwasser ist zudem nicht gleichmäßig verteilt. Unser wasserreiches Deutschland verfügt über 188 Milliarden Kubikmeter Wasser pro Jahr wovon nur 20 Prozent genutzt werden. In vielen südlichen Ländern vor allem in Afrika und Asien haben dagegen viele Menschen kaum Zugang zu sauberem Trinkwasser. Rund 20 Prozent der Weltbevölkerung lebt in Dürregebieten oder Regionen, in denen das Wasser verschmutzt ist. (1), (2)

Wissenschaftler erwarten zudem eine Verschärfung dieses Wassermangels in den kommenden Jahren durch die Auswirkungen des Klimawandels sowie dem weiteren Anwachsen der Weltbevölkerung. (1), (5)

Etwa 70 Prozent des weltweiten Wasserverbrauchs landen in der Landwirtschaft. Dies an sich wäre in Ordnung wenn nicht in Ländern, in denen chronischer Wassermangel herrscht, mit viel Aufwand und hohem Wasserverbrauch Obst und Gemüse für die Supermärkte der westlichen Industrienationen angebaut würden. So verschlimmern wir mit unseren Kauf- und Essgewohnheiten den Wassermangel südlicher Länder. Die Forderungen nach neuen Strategien für das globale Wassermanagement werden deshalb immer lauter. (3), (4), (5)

Virtuelles Wasser und Wasser-Fußabdruck

In den 90er Jahren entwickelte der englische Geograph John Anthony Allan das Konzept des virtuellen Wassers. Jedes Produkt verbraucht oder verschmutzt in seiner Herstellung Wasser. Addiert man diese Wassermengen für alle Waren, die ein

Land importiert und exportiert auf, ergeben sich Ströme virtuellen Wassers, die zwischen den Ländern hin und her fließen. (1), (5)

Ähnlich dem Konzept des CO2-Fußabdrucks hat der Niederländer Arjen Hoekstra aus der Idee des virtuellen Wassers den Wasser-Fußabdruck entwickelt. Hierfür wird die Menge an Wasser errechnet, die für die Herstellung und den Transport eines Gutes verbraucht oder verschmutzt wird. Gemäß diesem Indikator braucht man beispielsweise eintausend Liter Wasser um einen Liter Milch herzustellen. In die Rechnung fließt ein, wie viel Wasser für den Anbau der Futtermittel, für die Produktion von Dünger und Pflanzenschutzmittel, für das Tränken der Tiere, für den Produktionsprozess, für den Transport und so weiter aufgewendet wird. Entsprechend beträgt der Wasser-Fußabdruck für eine Tasse Kaffee 140 Liter, für ein Kilogramm Rindfleisch 14 000 Liter, für ein T-Shirt zweitausend Liter und für eine Jeans zehntausend Liter. Genau so kann man den Wasser-Fußabdruck einer Person errechnen, der sich aus dem direkten Wasserverbrauch zuzüglich der Summe an virtuellem Wasser ihres Konsums ergibt. (1), (5)

Durch unser Kaufverhalten verursachen wir also riesige Ströme an virtuellem Wasser von den Produktionsländern zu uns. Natürlich fließt virtuelles Wasser auch in die Gegenrichtung für Waren, die in

Deutschland hergestellt und exportiert werden. Da die bundesdeutschen Produktionsmethoden sehr wassereffizient sind, importieren wir wesentlich mehr virtuelles Wasser als in die Exportländer fließt. (1), (2), (5)

Der direkte Verbrauch von Wasser für Essen und Trinken, für die Hygiene und Reinigung ist in der Deutschland in den vergangenen Jahren kontinuierlich zurückgegangen und beträgt mittlerweile nur noch 124 Liter pro Tag und Person. Rechnet man allerdings den Verbrauch an virtuellem Wasser durch unseren Konsum hinzu, addiert sich der tägliche Wasserverbrauch auf stolze 5 288 Liter pro Tag. In der Summe verbrauchen die Deutschen dadurch rund 160 Milliarden Kubikmeter Wasser im Jahr - das entspricht dreimal der Wassermenge des Bodensees. (1), (4), (5), (6), (7)

Die Deutschen haben ebenso wie Amerikaner und Japaner einen hohen Wasser-Fußabdruck. Während jeder Deutsche über fünftausend Liter Wasser am Tag konsumiert, liegt der globale Durchschnitt nur bei 3 400 Litern. Die Hälfte unseres Wasserkonsums wird importiert, vor allem durch landwirtschaftliche Produkte. Kaffee (9,9 Milliarden Kubikmeter) und Kakao (9,7 Milliarden Kubikmeter) tragen in besonders hohem Maße zu unserem virtuellen Wasserverbrauch bei, aber auch Fleisch, Ölsaaten und Baumwolle sind überaus durstige Produkte. (7)

Landwirtschaftliche Produkte stehen für drei Viertel unseres gesamten Wasserkonsums, 22 Prozent für industrielle Produkte und nur etwas über drei Prozent für den direkten Verbrauch der Haushalte. (8)

Das Problem

Viele landwirtschaftliche Produkte werden in Ländern erzeugt, in denen Wassermangel herrscht. Durch ausgiebige Bewässerung von Obst, Gemüse, Getreide oder Baumwolle für unseren Markt wird das Wasserproblem in diesen Ländern noch verschärft. Auch die Importe von Fleischprodukten sind wegen des großen Bedarfs an Futtermitteln und Wasser zum Tränken der Tiere kritisch zu betrachten. (1)

Meistens sind aber die Länder, die arm an Wasser sind, auch wirtschaftlich unterentwickelt. Ein Boykott der Produkte aus diesen Ländern würde sie also noch ärmer machen, als sie sowieso schon sind. Hier ist ein behutsames Vorgehen notwendig, damit diese Länder lieber Produkte anbauen, die ebenso gute wirtschaftliche Chancen bieten, aber weniger Wasser brauchen. Auch sollten dort durch Entwicklungsarbeit und Technologietransfer Wasser sparende Anbaumethoden gefördert werden. (1), (5), (6)

Kritisch zu sehen ist der Kauf von Erdbeeren aus

spanischen Anbaugebieten, die nur durch Bewässerung durch illegal gebohrte Brunnen gedeihen können. Diese Brunnen senken seit Jahren den Grundwasserspiegel und gefährden so die Wasserversorgung ganzer Staaten. Auch in Italien, der Türkei und Griechenland werden Produkte angebaut, für deren Bewässerung die natürlichen Ressourcen eigentlich nicht ausreichen. In der EU wurde mittlerweile über die Wasserrahmenrichtlinie festgelegt, dass sich der Zustand von Oberflächen- und Grundwasser nicht weiter verschlechtern darf. Ergänzend dazu muss sichergestellt werden, dass keine Subventionen mehr an Agrarbetriebe gezahlt werden, die mit den Wasserressourcen verantwortungslos umgehen. (2), (6)

Trends

Dass die weltweiten Trinkwasserreserven knapper werden ist eine Tatsache. Diese Wasserknappheit wird schon bald signifikante Auswirkungen auf alle Unternehmen haben, die in irgendeiner Form Wasser nutzen oder verbrauchen. Jedes Unternehmen muss deshalb seine Prozesse im Hinblick auf Wasser-Einsparpotenziale überprüfen. Auch sollten mögliche wirtschaftliche Risiken durch Wassermangel analysiert werden. Denn vor allem Unternehmen aus der Lebensmittel- und Getränkeindustrie sind in manchen Gebieten bereits von knappen Wasserreserven betroffen. So musste Coca-Cola beispielsweise bereits eine seiner Herstellungslinien wegen Wassermangels von Atlanta in einen anderen US-Staat verlagern. (9), (10)Laut WWF wird ein Etikett entwickelt, das den Wasser-Fußabdruck eines Produktes für den Käufer erkennbar macht. Die Unternehmen sollten sich bereits jetzt darauf einstellen, dass diese Kennzeichnung künftig verlangt werden dürfte. Je genauer sie bereits jetzt über den Wasserverbrauch ihrer Waren Bescheid wissen, desto leichter werden sie mit einer entsprechenden Vorschrift klar kommen. (6)Die Forschung und Entwicklung an Wasser sparenden Anbaumethoden, die Züchtung von Nutzpflanzen, die auch in Dürregebieten gedeihen und effiziente industrielle Prozesse sind für die künftige Trinkwasserversorgung überaus bedeutend. Die Politik ist gefragt, um Strategien zu entwickeln und durchzusetzen, die dafür sorgen, dass Lebensmittel dort angebaut werden, wo es sowieso genügend Wasser gibt. Dies darf aber nicht zu Lasten der sowieso schon armen Bevölkerung der Entwicklungsländer gehen. Schließlich sollten wir uns alle überlegen, ob wir nicht auf die eine oder andere Tasse Kaffee oder Tafel Schokolade verzichten können. Ein klein wenig hülfe es auch, wenn wir Erdbeeren nur zu Zeiten essen, in denen sie auch bei uns gedeihen. (11)

Fallbeispiele

Laut Berechnungen des WWF importiert Deutschland jedes Jahr rund 80 Milliarden Kubikmeter virtuelles Wasser. Ein großer Teil davon kommt aus Brasilien (5,7 Milliarden Kubikmeter, hauptsächlich Soja und Rindfleisch), die Elfenbeinküste (4,2 Milliarden Kubikmeter - Kakao) und Frankreich (3,5 Milliarden Kubikmeter). (12)

In Sao Paulo hat der Wassermangel zu einer etwas anrüchigen Werbekampagne geführt. Dort wird zum Pipiduschen aufgefordert, also zum Pinkeln unter der Dusche. Dadurch könnten in Sao Paulo 1 500 Liter Wasser pro Sekunde gespart werden. Ob sich die Idee bei uns wohl auch durchsetzt, sollte das Wasser knapper werden? (13)

Weiterführende Literatur

(1) 2000 Liter Wasser für ein T-Shirt Mit dem Konzept des "virtuellen Wassers" lässt sich berechnen, wie viel des Rohstoffes tatsächlich verbraucht wird - Deutsche konsumieren 4000 Liter am Tag
aus DIE WELT, 19.03.2010, Nr. 66, S. 27

(2) Beim Einkaufen Wasser sparen // Nur die Schweden verbrauchen mehr Wasser als die

Deutschen / WWF-Studie: Agrarprodukte sind der Hauptgrund
aus Der Tagesspiegel Nr. 20340 VOM 04.08.2009 SEITE 013

(3) Eintauchen ins Verbrauchen
aus "Der Standard" vom 22.03.2010 Seite: 14

(4) Lebensmittelwirtschaft muss Strategien für neues Wassermanagement entwickeln...
aus "Der Standard" vom 22.03.2010 Seite: 14

(5) Strom in die falsche Richtung
aus Der Spiegel, 24.08.2009, Nr. 35, Seite 102

(6) Täglich 25 Badewannen Wasser je Person
aus FAZ.NET, 03.08.2009

(7) Beim Verbrauch von Wasser ganz vorn
aus Süddeutsche Zeitung, 03.08.2009, Ausgabe Deutschland, Bayern, München, S. 17

(8) Wasser im Visier
aus Brauwelt, 43-44/2009, S. 1291-1292

(9) UN taps into the water footprint of top corporations
aus Brauwelt, 43-44/2009, S. 1291-1292

(10) Nachhaltigkeit und Risiko bei der &#8201#SEMI#Wasserversorgung
aus Brauwelt, 30-31/2009, S. 845-846

(11) Aufruf zur blauen Revolution...

aus Brauwelt, 30-31/2009, S. 845-846

(12) Import-Lebensmittel schlagen auf deutsche Wasserbilanz durch...
aus Agra-Europe (AgE), 50. Jahrgang Nr. 33 vom 10.08.2009

(13) Kleingehäckselt - BILD: Öko-Logisch - Pipi marsch!
aus Stuttgarter Zeitung, 28.08.2009, S. 24

Impressum

Wasser-Fußabdruck - Wie viel Wasser steckt in den verschiedenen Produkten?

Bibliografische Information der deutschen Nationalbibliothek

Die Deutsche Nationalbibliothek verzeichnet diese Publikation in der deutschen Nationalbibliografie; detaillierte bibliografische Daten sind im Internet über http://dnb.d-nb.de abrufbar.

ISBN: 978-3-7379-1510-6

© 2015 GBI-Genios Deutsche Wirtschaftsdatenbank GmbH, Freischützstraße 96, 81927 München, www.genios.de

Alle Rechte vorbehalten. Dieses Werk ist einschließlich aller seiner Teile – z.B. Texte, Tabellen und Grafiken - urheberrechtlich geschützt. Jede Verwertung außerhalb der Grenzen des Urheberrechtsgesetzes bedarf der vorherigen Zustimmung des Verlags. Dies gilt insbesondere auch für auszugsweise Nachdrucke, fotomechanische

Vervielfältigungen (Fotokopie/Mikroskopie), Übersetzungen, Auswertungen durch Datenbanken oder ähnliche Einrichtungen und die Einspeicherung und Verarbeitung in elektronischen Systemen.